Katja Kuhn

Emotionale Intelligenz: Soziale Kompetenz als Teila
Daniel Goleman

Katja Kuhn

Emotionale Intelligenz: Soziale Kompetenz als Teilaspekt emotionaler Intelligenz nach Daniel Goleman

GRIN Verlag

Bibliografische Information der Deutschen Nationalbibliothek: Die Deutsche Bibliothek verzeichnet diese Publikation in der Deutschen Nationalbibliografie; detaillierte bibliografische Daten sind im Internet über http://dnb.d-nb.de/ abrufbar.

1. Auflage 2004
Copyright © 2004 GRIN Verlag
http://www.grin.com/
Druck und Bindung: Books on Demand GmbH, Norderstedt Germany
ISBN 978-3-638-79112-0

Universität Augsburg

Phil. – Soz. Fakultät

- Psychologie -

Wahlpflichtfach Diagnostik und Beratung

Wintersemester 2004 / 05

EMOTIONALE INTELLIGENZ:
SOZIALE KOMPETENZ ALS TEILASPEKT EMOTIONALER INTELLIGENZ NACH DANIEL GOLEMAN

Seminar: Intelligenz und Begabung

Hausarbeit: Emotionale Intelligenz: soziale Kompetenz als Teilaspekt emotionaler ^
Intelligenz nach Daniel Goleman

Inhaltsübersicht:

Einleitung:

„Intelligenz ist das, `was Intelligenztests messen´" (Boring, zit. nach Gage / Berliner, 1996, S. 51). Intelligenz ist „die Fähigkeit, Probleme zu lösen oder Produkte zu schaffen, die im Rahmen einer oder mehrerer Kulturen gefragt sind" (Gardner, 1991, S. 9).

Was ist Intelligenz? Definitionen und Merkmale dieses Konstrukts existieren in ebensolcher Zahl, wie es Ansätze in der Intelligenzforschung gibt. Doch egal ob Intelligenz rein psychometrisch definiert wird; ob man Sternbergs triarchischem Intelligenzmodell folgt oder Howard Gardners Theorie der multiplen Intelligenz anhängt, die neben der verbalen und mathematischen Intelligenz noch fünf weitere Intelligenzen postuliert, eines ist all diesen Konzepten gemeinsam. Jedes von ihnen betrachtet Intelligenz im Wesentlichen unter kognitivem Aspekt. Intelligent ist derjenige, der über eine hohe Ausprägung verbaler, mathematischer oder logischer Fähigkeiten verfügt.

Vor diesem Hintergrund kann Intelligenz verstanden werden als das Vermögen des Menschen, Probleme durch rein kognitive Prozesse und Kompetenzen zu erkennen, zu bearbeiten und zu lösen.

Einen gänzlich anderen Ansatz wählt Daniel Goleman, der – angeregt durch die zunehmenden sozialen Missstände und emotionalen Defizite der amerikanischen Bevölkerung der 90er Jahre – fordert, sich in der Intelligenzforschung und –diagnostik nicht mehr ausschließlich kognitiven Aspekten der Intelligenz zu widmen, sondern vielmehr, die in seinen Augen grundlegende **emotionale Dimension** intelligenten Verhaltens stärker zu berücksichtigen und zu fördern.

Golemans Konzept der emotionalen Intelligenz soll im Folgenden dargestellt werden, wobei ein besonderes Gewicht auf einem Teilaspekt dieser Intelligenz liegt. Der zweite Teil der vorliegenden Arbeit widmet sich daher ausschließlich der sozialen Kompetenz, von Goleman als die „sozialen Künste" (Goleman, 1996, S. 145) bezeichnet. Diese Teilkompetenz emotionaler Intelligenz soll ausführlich behandelt werden, und im dritten Teil soll dann Golemans Ansatz kritisch gewürdigt, und in seiner Bedeutung für psychologische und pädagogische Diagnostik und Förderung besprochen werden.

Zunächst jedoch soll die Emotionale Intelligenz im Sinne Golemans in ihren Grundzügen dargestellt werden; dieser Teil wird – aus Gründen der Vollständigkeit und des besseren Verständnisses - durch einen kurzen Exkurs, der sich mit einer Definition von Emotionen befasst, ergänzt; die neurologischen Grundlagen derselben müssen an dieser Stelle – um den Rahmen der vorliegenden Arbeit nicht zu sprengen – ausgeklammert werden.

Die Tatsache, dass nicht nur Kognitionen, sondern auch Emotionen Erleben, Verhalten und Handeln des Menschen bestimmen, wird wohl von niemandem bezweifelt. Bekannt sind Fälle affektiver Störungen, bei denen der negative emotionale Zustand auch kognitive Einschränkungen wie Gedächtnisprobleme, Konzentrationsschwierigkeiten oder vermindertes Denkvermögen nach sich zieht (vgl. Davison / Neale, 2002, S. 304ff.). Und sicherlich jeder kann sich an Momente erinnern, in denen er – angetrieben von starken Emotionen – Urteils- oder Entscheidungsfähigkeit eingebüsst hat.

Ausgehend von ähnlichen Überlegungen, welchen Einfluss die Emotionen auf andere Kompetenzen des Individuums haben, entwickelt Daniel Goleman sein Konzept der emotionalen Intelligenz, welches im Folgenden dargestellt werden soll.

I.) Was ist emotionale Intelligenz?

„Unter den Kognitionswissenschaftlern herrschte die Meinung vor, Intelligenz sei gleichbedeutend mit einer kühlen, nüchternen Verarbeitung von Fakten." (Goleman, 1996, S. 62).

Anhand dieses Zitats wird bereits deutlich, dass Daniel Goleman den Ansatz der emotionalen Intelligenz aus der Kritik an den in der Psychologie vorherrschenden kognitiv orientierten Konzepten der Intelligenz heraus erarbeitet.

Ausgangspunkt seiner Überlegungen ist die Überzeugung, dass rationales Handeln und das Vermögen, sich seiner kognitiven Fähigkeiten bedienen zu können von emotionalem Erleben beeinflusst, wenn nicht gar bedingt wird. Nur wer seine Emotionen erkennen und kontrollieren kann, ist seiner Meinung nach auch fähig, intelligent – im Sinne kognitiver Modelle – zu handeln. Einen Ausschluss der emotionalen Dimension aus Intelligenzkonzepten hält Goleman daher für unzulässig; „ein Modell des Geistes, das sie (die Emotionen) [d. Verf.] nicht berücksichtigt, ist ärmlich." (Goleman, 1996, S. 63).

Dieser Einseitigkeit traditioneller Intelligenzmodelle entgegenzutreten, und die Funktionsweise des menschlichen Geistes angemessener beschreiben zu können, ist ein wesentliches Ziel der Darstellung emotionaler Intelligenz als einen Ansatz der Intelligenzforschung und – förderung, der das Individuum nicht lediglich als rational agierendes und informationsverarbeitendes System betrachtet, sondern vielmehr anerkennt, dass Emotionen als handlungsleitende und verhaltensregulierende Komponenten menschlichen Erlebens einen wesentlichen Aspekt seiner (intellektuellen) Fähigkeiten und Fertigkeiten darstellen.

Ohne emotionale Intelligenz, so Goleman sind kognitive Kompetenzen quasi bedeutungslos; nur wer sich seiner Emotionen bewusst ist, kann intelligent handeln.

I.1.) Emotionale Intelligenz als Metafähigkeit

Aus den vorangegangenen Ausführungen ergibt sich bereits, welche Rolle der emotionalen Intelligenz nach Daniel Goleman in Bezug auf andere geistige Aspekte zukommt. **Emotionale Intelligenz ist eine Metafähigkeit;** eine Kompetenz also, die darüber entscheidet, wie gut oder auch wie schlecht ein Mensch in der Lage ist, andere Fähigkeiten – auch intellektueller Art – einzusetzen (vgl. Goleman, 1996, S. 56).

In diesem Zusammenhang führt Goleman weiterhin an, dass seines Erachtens nach, die emotionale Intelligenz einen wesentliche Beitrag zur Vorhersage des beruflichen und sozialen Erfolges leistet. Anders als klassische Ansätze in der Intelligenzforschung (vgl. Gage / Berliner, 1996; Zimbardo / Gerrig, 1999) postuliert er, dass nicht allein der IQ, sondern vielmehr andere Faktoren eine größere Erklärungskraft für den Lebenserfolg haben. Hierbei spielt für ihn die emotionale Intelligenz als Metafähigkeit eine bedeutende Rolle. Diese Metafähigkeit umfasst Teilkompetenzen wie Motivation, Impulskontrolle, die Bereitschaft und Fähigkeit zum Gratifikationsaufschub oder auch das Vermögen, Gefühle anderer nachzuempfinden und angemessen zu reagieren (vgl. Goleman, 1996, S. 54).

Wer über diese Kompetenzen verfügt, kann auch seine intellektuellen Fähigkeiten effizienter einsetzen und auf diese Weise größeren Erfolg – im Sinne schulischen, beruflichen oder sozialen Gelingens – erreichen.

Mit diesen Überlegungen rückt Daniel Goleman den Ansatz der emotionalen Intelligenz in die Nähe der psychologischen Emotions- und Motivationsforschung, die ebenfalls die Meinung vertritt, dass ein enger Zusammenhang zwischen Emotionen, Motivation und (intellektueller) Leistung besteht, wie er beispielsweise in Untersuchungen zur Beziehung zwischen Erregung, Schwierigkeitsgrad und erbrachter Leistung zum Ausdruck kommt (Yerkes-Dodson-Gesetz; vgl. Zimbardo / Gerrig, 1999, S. 367f.).

Zusammenfassend lässt sich nun an dieser Stelle sagen, dass die emotionale Intelligenz im Sinne Golemans eine übergeordnete Fähigkeit ist, deren Einfluss es unterliegt, in welchem Maße ein Individuum über seine kognitiven Kompetenzen verfügen kann. Die emotionale Intelligenz umfasst mehrere Teilaspekte, die im weiteren Verlauf kurz beschrieben werden sollen. Zunächst scheint es an dieser Stelle angebracht zu sein, in einem kleinen Exkurs darauf einzugehen, wie Emotionen im psychologischen Sprachgebrauch definiert sind und welche Funktionen sie bezüglich Erlebens und Verhaltens des Menschen erfüllen.

Exkurs: Was sind Emotionen? – Definition und Funktion

Anzumerken ist an dieser Stelle zunächst, dass Daniel Goleman in seinem Werk *Emotionale Intelligenz* selbst keine Definition liefert, wie er den Begriff Emotion verwendet wissen will. Aus seinen Ausführungen ergibt sich jedoch, dass er Emotion als komplexes Muster, und nicht nur im Sinne des in der Alltagssprache gebräuchlichen Pendants zu Gefühl, versteht. Eine in der Psychologie häufig eingesetzte Definition stammt von Zimbardo (1999):

Eine Emotion ist ein komplexes Muster von Veränderungen, das physiologische Erregung, Gefühle, kognitive Prozesse und Verhaltensweisen umfasst. Diese Veränderungen treten als Reaktion auf eine Situation ein, die als persönlich bedeutsam wahrgenommen wird.

Aus dieser Definition geht deutlich die Komplexität einer Emotion hervor, die an Hand der Emotion Angst kurz erläutert werden soll. Die **physiologischen Symptome** von Angst sind zum Beispiel ein beschleunigter Puls, Herzklopfen, Beklemmung und Atemnot. Die empfundenen **Gefühle** sind hinsichtlich der Angst negativ, und bezogen auf die ablaufenden **kognitiven Prozesse** finden sich beispielsweise Einschätzungen der angstauslösenden Situation, Erinnerungen, Erwartungen und Bewertungen, die wiederum **Verhaltensweisen** - in diesem Fall wahrscheinlich so genannte *Fight-or-flight-Reaktionen* – hervorrufen.

In dieser Definition ist die wesentliche Funktion der Emotionen bereits angedeutet. Emotionen dienen in erster Linie als **Handlungsimpulse**. Daniel Goleman merkt hierzu an, dass das Empfinden einer Emotion immer zu einer Handlung motiviert (die jedoch bei der Spezies Mensch nicht immer auch ausgeführt werden muss); eine Behauptung, die er mit evolutionären Argumenten untermauert (vgl. Goleman, 1996, S. 22ff.). Ergänzend dazu ist noch anzumerken, dass nach Aussage der diesbezüglichen Forschung den Emotionen nicht nur eine **handlungsleitende**, sondern in ebensolchem Maße auch **handlungsregulierende Funktion** zukommt. Emotionen können, indem sie Einfluss auf die Motivation nehmen, auch den Zweck erfüllen, eine Handlung zu unterlassen, wenn diese beispielsweise der Zielerreichung abträglich ist (vgl. Oerter / Montada, 2002, S. 580ff.).

Der Schlüssel zum Verständnis der emotionalen Intelligenz nach Goleman liegt in diesen Funktionen der Emotionen. Emotional intelligent ist danach derjenige, der in der Lage ist, die handlungsleitende und –regulierende Funktion emotionaler Befindlichkeiten zu erkennen, zu kontrollieren und gezielt zu steuern – wer also kurz gesagt sein Gefühlsleben beherrscht anstatt sich von ihm beherrschen zu lassen.

Nachdem nun emotionale Intelligenz als Metafähigkeit dargestellt wurde, soll nun im Einzelnen darauf eingegangen werden, in welche Teilbereiche Daniel Goleman diese unterteilt. Die vier Komponenten **Selbstwahrnehmung, Emotionen handhaben, Emotionen nutzen** und

Empathiefähigkeit werden dabei nur knapp dargestellt; die fünfte Komponente – **die sozialen Künste** – auf der in dieser Arbeit der Schwerpunkt liegt, wird im zweiten Teil ausführlich besprochen.

I.2.) Teilkompetenzen emotionaler Intelligenz

Daniel Goleman gliedert die emotionale Intelligenz in fünf Teilbereiche, die laut ihm relativ unabhängig voneinander sind; das heißt, emotionale Intelligenz in einem der Bereiche zieht nicht zwangsläufig emotional intelligentes Verhalten in den anderen nach sich. Er hebt jedoch hervor, dass jeder Mensch diese Fähigkeiten – und damit emotionale Intelligenz – erlernen kann. Bei der Unterscheidung der Teilgebiete rekurriert Goleman auf eine Gliederung von Salovey (vgl. Goleman, 1996, S. 66f.).

I.2.1.) Selbstwahrnehmung

„Achtsamkeit im Hinblick auf die Emotionen ist die grundlegende emotionale Kompetenz, auf der andere wie etwa die emotionale Selbstkontrolle aufbauen." (Goleman, 1996, S. 68). Daniel Goleman beschreibt die Wahrnehmung der eigenen Emotionen als den Grundpfeiler jeder anderen Form emotionaler Intelligenz. Zur Beschreibung dieser Fähigkeit verwendet er den Begriff **mindfulness**, oder **Achtsamkeit**, der bezogen auf das Gefühlsleben da ist, was Metakognition im kognitiven Bereich bedeutet. *Mindfulness* meint die Kompetenz eines Individuums, sich Gedanken über seine Emotionen machen zu können; also gleichsam zu erkennen, welche Emotion es bewegt. Die wesentliche Bedeutung, die dieser Fähigkeit zukommt, sieht Goleman darin begründet, dass durch das Erkennen von Emotionen – also durch die Selbstwahrnehmung – gleichzeitig die Möglichkeit gegeben ist, diese zu kontrollieren, und sich somit nicht von den eigenen Gefühlen mitreißen zu lassen (vgl. Goleman, 1996, S. 67ff.). Zusammengefasst bezeichnet *mindfulness* demnach die Fähigkeit, sich seiner Emotionen auf einer quasi „meta-emotionalen" Dimension bewusst zu sein; sie stellt damit die basale Voraussetzung zur Kontrolle und Lenkung von Emotionen dar.

I.2.2.) Emotionskontrolle

Ausgehend von diesen Überlegungen zur Selbstwahrnehmung der Emotionen, benennt Daniel Goleman ein weiteres Teilgebiet emotionaler Intelligenz, das direkt auf der *mindfulness* aufbaut und in ihr seinen Ursprung hat.

Wird durch die Selbstwahrnehmung lediglich das Bewusstmachen und Erkennen der Emotionen erreicht, so gewährleistet die **Kontrolle der Emotionen** ein direktes, aktives Eingreifen auf dieselben, wodurch es möglich wird, sich von Stimmungen, die (negative) Auswirkungen auf das Wohlbefinden haben, zu befreien (vgl. Goleman, 1996, S. 79ff.).

Diese Kontrolle der Emotionen lässt sich am treffendsten mit dem Begriff der Selbstregulierung erklären; die zentrale Annahme hierzu ist, sich seinen Emotionen nicht passiv auszuliefern, sondern sie vielmehr zu erkennen (vgl. Punkt I.2.1.) und aktiv gegen ihre Wirkung vorzugehen.

Goleman nennt zu diesem Aspekt eine Reihe von Beispielen wie sich Zorn, Wut oder auch Melancholie erfolgreich besänftigen lassen. Die in diesem Zusammenhang von ihm angeführten Interventionsmöglichkeiten sind ebenso wenig neu wie überraschend (Ablenkung, aus dem Feld gehen, positive Umdeutung, etc.), dennoch müssen sie an dieser Stelle erwähnt werden, da laut Goleman gerade das Beherrschen dieser Fähigkeiten, den in diesem Teilbereich emotional intelligenten Menschen auszeichnet (vgl. Goleman, 1996, S. 82ff.).

Emotionskontrolle als Fortführung der Selbstwahrnehmung kann somit betrachtet werden als die Kompetenz, sich nicht von den eigenen emotionalen Befindlichkeiten überwältigen zu lassen, sondern diese vielmehr in angemessener Art und Weise zu äußern, respektive zu regulieren.

I.2.3.) Emotionsnutzung

Während sich die Fähigkeit der Emotionskontrolle in erster Linie auf das Eindämmen, beziehungsweise Überwinden negativer Emotionen bezieht, steht bei der **Emotionsnutzung** der zielgerichtete Einsatz positiver emotionaler Zustände im Vordergrund.

An dieser Stelle hebt Goleman erneut hervor, welcher Bedeutung der emotionalen Intelligenz als übergeordneter Metakompetenz zukommt. Bezugnehmend auf zahlreiche einschlägige Forschungsergebnisse macht er deutlich, welch starker Zusammenhang beispielsweise zwischen intellektueller Leistungsfähigkeit und dem emotionalen Befinden besteht (vgl. Goleman, 1996, S. 107ff.).

Im Folgenden soll nun kurz auf die Emotionen eingegangen werden, die laut Goleman einen wesentlichen Beitrag zur Verbesserung kognitiver, sozialer und auch motorischer – Leistungen bieten.

In einer Untersuchung zum Gratifikationsaufschub bei Vierjährigen zeigte sich, dass diejenigen Kinder, die in der Lage waren, einer Versuchung zu widerstehen und die Gratifikation erst zu einem späteren Zeitpunkt erhielten, im Alter von sechzehn bis achtzehn Jahren über größere soziale und emotionale Kompetenz verfügten, als diejenigen, denen der Gratifikati-

onsaufschub nicht gelang. Diese Fähigkeit zum Gratifikationsaufschub – oder wie Daniel Goleman es nennt, zur **Impulskontrolle** – scheint demnach ein wesentlicher Faktor der emotionalen Intelligenz als Metafähigkeit zu sein. Wer in der Lage ist, seine Emotionen dahingehend zu lenken, dass er fähig ist, Belohnungen aufzuschieben, scheint besser als andere zu hoher sozialer und intellektueller Kompetenz befähigt zu sein und über ein allgemein stabileres Selbst zu verfügen (vgl. Goleman, 1996, S. 109ff.).

Nach Goleman zeigt sich auch, dass Menschen, die über ein hohes Maß an **Hoffnung** oder **Optimismus** verfügen, sich weniger von Rückschlägen entmutigen lassen als Vergleichspersonen mit niedrigerer Ausprägung; ein Indiz dafür, dass es Ersteren wohl optimaler gelingt, positive Emotionen zu ihrem eigenen (intellektuellen)Vorteil zu nutzen.

Des Weiteren führt Goleman den Zustand des **Fließens** (*flow*) an, der sich als ein Erleben höchster Konzentration und maximaler Leistungsfähigkeit, bei gleichzeitiger Entspannung und dem Fehlen negativer Emotionen darstellt (vgl. Goleman, 1996, S. 119ff.). Im Fließen sieht er die höchste Form emotionaler Intelligenz; hier zeigt sich die Meisterschaft in der Nutzung positiver Emotionen zum Zwecke der Verbesserung anderer Kompetenzen.

Der dritte Teilbereich, in dem sich emotionale Intelligenz manifestiert, kann hiernach angesehen werden als eine Ebene des Zugangs zu den eigenen Emotionen, auf der es möglich ist, sich die Wirkung der Emotionen auf die Leistungsfähigkeit direkt und bewusst zu Nutze zu machen.

I.2.4.) Empathiefähigkeit

Folgt man Goleman, so zeigt sich emotionale Intelligenz noch in einem weiteren Bereich; dem der **Empathiefähigkeit**, worunter er die Befähigung versteht, sich in die Gefühlswelt seiner Mitmenschen einzufühlen und so gleichsam zu wissen, wie sie empfinden (vgl. Goleman, 1996, S. 127).

Auch für diese Kompetenz sieht Goleman die Selbstwahrnehmung (vgl. Punkt I.2.1.) als Grundlage, da Empathiefähigkeit zunächst die Wahrnehmung der eigenen Emotionen voraussetzt (vgl. Goleman, 1996, S. 127); wer also einen guten Zugang zu seiner eigenen emotionalen Befindlichkeit hat, dem fällt es leichter, diejenige Anderer nachzuempfinden.

Darüber hinaus nennt Goleman die Phase der Grundlegung der Empathiefähigkeit , die er – wie auch andere Autoren (vgl. Oerter / Montada, 2002; Zimbardo / Gerrig, 1999) – in der Kindheit verortet. Auf die Bedeutung des frühkindlichen Lernens der Empathie durch Abstimmung mit Bezugspersonen oder Modelle soll an dieser Stelle jedoch nicht ausführlicher eingegangen werden.

Bezogen auf diesen Teilbereich der emotionalen Intelligenz ist noch ergänzend hinzuzufügen, dass Empathiefähigkeit wohl die Basis zu sozial gut angepasstem Verhalten bildet, und darüber hinaus Grundlage moralischen Handelns ist (vgl. Goleman, 1996, S. 128, 137ff.); Kompetenzen, deren Verfügbarkeit wiederum emotional intelligentes Verhalten begünstigt.

II. Die sozialen Künste

Die unter Punkt I.2.1. – I.2.4. beschriebenen Teilkompetenzen bilden zusammengenommen das Fundament für einen weiteren Teilbereich emotionaler Intelligenz, den Daniel Goleman als die „sozialen Künste" (Goleman, 1996, S. 145) bezeichnet. Wer – aufbauend auf der Wahrnehmung der eigenen Emotionen – diese kontrolliert und gezielt einzusetzen weiß und darüber hinaus in der Lage ist, sich in die Emotionen anderer einzufühlen und ihre Stimmungen nachzuempfinden; wer also im bereits dargestellten Sinne emotional intelligent ist, der wird es aller Voraussicht nach auch zur Meisterschaft in den sozialen Künsten bringen; er wird, mit gängigeren Worten ausgedrückt, über ein hohes Maß an sozialer Kompetenz verfügen. Die Sozialkompetenz, wie sie von Daniel Goleman dargelegt wird, soll nun im weiteren Verlauf näher dargestellt werden.

II.1.) Definition der sozialen Künste

Was versteht Goleman nun unter den sozialen Künsten, als Teil emotionaler Intelligenz? **Zusammengefasst bezeichnen die sozialen Künste die Fähigkeiten eines Individuums, befriedigende zwischenmenschliche Beziehungen aufzubauen und zu gestalten** (vgl. Goleman, 1996, S. 66); im Folgenden soll daher der für diese Fähigkeit geläufigere Begriff der Sozialkompetenz verwendet werden.

Als grundlegend für ein hohes Maß an Sozialkompetenz nennt Goleman zwei Faktoren. Zum Einen muss das Individuum in der Lage sein, die **Emotionen seiner Mitmenschen zu erkennen und zu bewerten**; an dieser Stelle zeigt sich deutlich, dass der Autor - trotz seines Postulats, Emotionen nicht unter rein kognitiven Aspekten zu betrachten - dennoch Kognitionen, wie Erkennen und Bewerten heranzieht, deren Einsatz unabdingbar für eine hohe Ausprägung emotionaler Intelligenz ist; ein Indiz dafür, dass eine getrennte Analyse und Interpretation von Emotionen und Kognitionen wenig ergiebig ist. Zum Anderen muss der Mensch, aufbauend auf dem Erkennen der Emotionen seiner Umwelt, **kompetent und angemessen mit diesen Emotionen umgehen** vgl. Goleman, 1996, S. 146ff.).

Soziale Kompetenz als der kompetente Umgang mit Beziehungen beruht somit auf zwei Faktoren: Einerseits muss ein Gespür vorhanden sein für das, was Andere empfinden, anderer-

seits muss dieses Einfühlungsvermögen zur Aktion führen. Wer also erkennt, welche Emotionen seine Mitmenschen bewegen, und wer davon ausgehend, dergestalt auf diese Emotionen eingeht und einwirkt, dass sich angenehme soziale Interaktionen entwickeln, der besitzt Sozialkompetenz im Goleman´schen Sinne.

II.2.) Voraussetzungen sozialer Kompetenz

Ähnlich wie die unter den Punkten I.2.1. – I.2.4. behandelten Teilkompetenzen emotionaler Intelligenz, ist auch die Sozialkompetenz keine Fähigkeit, die zur biologischen Grundausstattung des Menschen gehört, vielmehr muss auch sie erworben und perfektioniert werden. Notwendig zur Entstehung der sozialen Fähigkeiten eines Individuums sind nach Goleman zwei andere Faktoren emotionaler Intelligenz, von denen es direkt abhängig ist, wie erfolgreich Menschen ihre sozialen Beziehungen gestalten können.

Um positiv auf seine Umwelt einwirken zu können, um gute Sozialbeziehungen zu pflegen und um vertrauensvolle, als angenehm erlebte soziale Interaktionen herbeiführen zu können, bedarf es laut Goleman zunächst eine hohe Ausprägung an **Selbstkontrolle** (siehe Punkt I.2.2.). Dies meint also, dass soziale Kompetenz sich nur bei denjenigen manifestieren kann, die Zugang zu ihren eigenen Emotionen haben, diese erkennen, bewerten und kontrollieren können.

Eine weitere Grundlage hoher sozialer Kompetenz ist darüber hinaus die – bereits besprochene – **Empathiefähigkeit**. Die Fähigkeit und Bereitschaft, emotionale Zustände der Mitmenschen nachzuempfinden, ist nach Daniel Goleman wesentlich, um auf diese entsprechend ihrer Bedürfnisse eingehen zu können, und somit Beziehungen positiv gestalten zu können.

Zusammengefasst bedeutet dies, dass die soziale Kompetenz quasi eine Fähigkeit ist, die sich nur dort entwickeln kann, wo bereits andere Formen emotionaler Intelligenz vorhanden sind (vgl. Punkt **II.**). Um sozial intelligent – und damit erfolgreich – agieren zu können, bedarf es in erster Linie eines verantwortungsvollen Umgangs mit den eigenen Emotionen, der sich mit der Bereitschaft und Kompetenz zur Empathie verbinden muss zu – wie Goleman es nennt – **Menschenkenntnis**. Diese entsteht, wenn das Individuum einen guten Zugang zu den eigenen Emotionen hat, der wiederum den Zugang zu denen Anderer erleichtert; kurz, wer sich selbst versteht, kann auch andere verstehen und dadurch sozial kompetent mit ihnen umgehen. Wer Menschenkenntnis besitzt, „kann eine zwischenmenschliche Begegnung gestalten, kann andere mobilisieren und inspirieren, hat gute freundschaftliche Beziehungen, kann andere überzeugen und beeinflussen, kann eine entspannte Atmosphäre schaffen." (Goleman, 1996, S. 147).

II.3.) Teilbereiche sozialer Kompetenz

Nachdem nun deutlich geworden ist, was unter den sozialen Künsten zu verstehen ist, und welche Basiskompetenzen zu ihrer Entstehung von Nöten sind, sollen im weiteren Verlauf, die Teilbereiche sozialer Interaktionen angeführt werden, in denen sich soziale Kompetenz manifestiert.

II.3.1.) Angemessenheit von Emotionen

In jeder Interaktion werden Menschen von Emotionen bewegt, die sie in angemessener Art und Weise äußern müssen, damit der soziale Kontakt mit Anderen erfolgreich verläuft. Die Entscheidung darüber, wie Emotionen gezeigt oder auch beherrscht werden, ist nach Goleman eine bedeutende Dimension sozialer Kompetenz. Er führt an, dass die Art, wie Emotionen geäußert werden, kulturell und gesellschaftlich in hohem Maße determiniert ist (vgl. Goleman, 1996, S. 147), Sozialisation und Enkulturation entscheiden also mit, wenn es darum geht, Emotionen zu zeigen; wer „aus der Rolle fällt", muss mit sozialen Sanktionen rechnen, wer dahingegen konform geht, wird gesellschaftlich und zwischenmenschlich Anerkennung finden. Diese soziale und kulturelle Determiniertheit der Emotionsäußerung findet nach Goleman ihren Ausdruck in so genannten **Vorzeigeregeln**; derjenige, der sie einzuhalten weiß, verfügt bereits über eine wichtige soziale Kompetenz.

Unter **Vorzeigeregeln**, oder nach Oerter / Montada (2002) **Darbietungsregeln** versteht man „normative Regeln, die vorschreiben, in welchen Situationen man wem gegenüber welchen Ausdruck zeigen darf, bzw. sollte, z.B. sich auch bei einem enttäuschenden Geschenk freundlich zu bedanken." (Oerter / Montada, 2002, S. 579).

Das Beherrschen der Vorzeigeregeln ist für Daniel Goleman ganz entscheidend für den sozialen Erfolg. Ein Individuum, das diese einhalten kann, wird bei seinen Mitmenschen einen positiven Eindruck hinterlassen, da es in der Lage ist zu unterscheiden, wann welche Emotionen geäußert werden können und wann sie besser verschleiert werden, um die Gefühle des Anderen nicht zu verletzen; diese Diskriminationsfähigkeit ist jedoch nicht in jedem Menschen von Geburt an angelegt, sondern wird vielmehr durch explizites und implizites Lernen erworben (vgl. Goleman, 1996, S. 148f.); eine Erkenntnis, die sowohl interindividuelle Unterschiede erklärt, als auch den Einfluss der Erziehung bei der emotionalen Intelligenz hervorhebt.

Als wichtiger Teilbereich kristallisiert sich somit die Fähigkeit heraus, Emotionen gesellschaftlich und sozial angemessen äußern zu können und die Vorzeigeregeln einer Gesellschaft oder Kultur zu beherrschen.

II.3.2.) Koordination von Emotionen

Aus dem Vorangegangenen ergibt sich deutlich, dass es – um als sozial kompetent zu gelten – wichtig zu sein scheint, zu wissen, wann und in welcher Form Emotionen geäußert werden können. Dies allein ist jedoch laut Goleman noch nicht ausreichend, um zwischenmenschlich erfolgreich agieren zu können.

Eine weitere wichtige Dimension der Sozialkompetenz sieht er daher in der Fähigkeit eines Individuums, in sozialen Situationen die eigenen Emotionen und die der Mitmenschen gleichsam steuern zu können. In diesem Zusammenhang führt Goleman an, dass in jeder Interaktion zwischen Menschen **Emotionen übertragen** werden, und zwar dergestalt, dass derjenige Partner, der seinen Emotionen expressiver Ausdruck verleiht, die Stimmungslage des Anderen mitbestimmt (vgl. Goleman, 1996, S. 153ff.). Als überzeugenden Beleg für diese Aussage zieht er ein Experiment heran, bei dem zwei Teilnehmer zunächst Angaben zu ihrer momentanen Gemütslage machten. (Die Paare waren so zusammengestellt worden, das jeweils einer seine Emotionen stark äußerte, der Andere hingegen nicht.). Im weiteren Verlauf verließ die Versuchsleiterin den Raum, die Probanden blieben – einander gegenübersitzend- schweigend zurück. Kurze Zeit darauf wurden sie abermals aufgefordert, ihre Stimmung zu beschreiben. Es zeigte sich, dass sich die Stimmungslage der Beiden angeglichen hatte, und zwar derart, dass sich die des Expressiveren auf den Passiveren übertragen hatte (vgl. Goleman, 1996, S. 150).

Überträgt man die Ergebnisse dieses Experimentes auf die soziale Realität, so erscheint es einleuchtend, dass Menschen, die ihren Emotionen gut Ausdruck verleihen können, leicht in der Lage sind, soziale Interaktionen zu steuern, indem sie durch die Übertragung ihrer eigenen emotionalen Zustände auf ihre Umwelt deren Emotionen quasi koordinieren und somit ein Klima schaffen können, dass als sozial angenehm empfunden wird. Daniel Goleman führt weiter aus, dass die Emotionsübertragung meist auf sehr subtiler Ebene abläuft; hohe soziale Kompetenz auf diesem Gebiet resultiert daher auf der Befähigung, sich dies zu Nutze zu machen, und ganz gezielt einzusetzen, um angenehme Interaktionen zu ermöglichen (vgl. Goleman, 1996, S. 149ff.).

Aus dem Vorangegangenen wird deutlich, dass auch die Teilkompetenz der Stimmungskoordination auf den anderen emotionalen Fähigkeiten aufbaut. Um die eigenen Emotionen auf Andere übertragen zu können, bedarf es zunächst des Zugangs zu ihnen (siehe Punkt I.2.1.: Selbstwahrnehmung) und darüber hinaus die Fähigkeit zur Kontrolle derselben (vgl. Punkt I.2.2.).

II.2.3.) Basiskompetenzen personaler Intelligenz

Bei dem letzten Teilbereich der sozialen Künste, den Daniel Goleman anführt, bezieht er sich in seinen Aussagen, auf Ergebnisse von Howard Gardner und Thomas Hatch, die diese Kompetenzen als Quintessenz personaler Intelligenz anführen (vgl. Goleman, 1996, S. 153).

Angemerkt sei an dieser Stelle, dass die im Folgenden zu nennenden Teilaspekte wiederum auf der Beherrschung gesellschaftlich kontrollierter Vorzeigeregeln und dem Vermögen zur Stimmungskoordination basieren; vorsichtig formuliert stellen sie das praktische „Handwerkszeug" zum erfolgreichen Meistern und Lenken sozialer Interaktionen dar.

Nach Goleman bestimmen folgende vier soziale Fähigkeiten darüber, ob ein Mensch sozial erfolgreich ist oder nicht (vgl. Goleman; 1996, S. 153f.).

Gruppen organisieren: Hierunter ist die Fähigkeit zu verstehen, Wünsche und Ziele einer Vielzahl von Menschen koordinieren und durchsetzen zu können. Grundlegend hierfür ist wiederum die Befähigung, sich in andere Menschen hineinfühlen zu können (=Empathie) und die Stimmungen mehrerer Menschen dergestalt zu koordinieren, dass ein gemeinsames Erarbeiten und Erreichen von Zielen möglich wird.

Lösungen aushandeln: Soziale Kompetenz in diesem Bereich zeigt sich bei Menschen, die eine hohe Sensibilität für zwischenmenschliche Spannungen aufweisen. Sie sind – besser als Andere – in der Lage, Konflikte zu erkennen und zu lösen. Des Weiteren ermöglicht es ihnen ihr besonderes Einfühlungsvermögen, konflikthafte Situationen bereits im Ansatz zu erkennen und zu verhindern.

Persönliche Verbindungen herstellen: Dieser Teilkompetenz kommt – bezogen auf den zwischenmenschlichen Bereich - meines Erachtens die größte Bedeutung zu. Wer über diese Fähigkeit verfügt, hat gute soziale Beziehungen und ist beliebt bei seinen Mitmenschen, da er ihnen ein Gefühle des Verstanden – und Gemochtseins vermittelt. Ebenfalls aufbauend auf der Empathiefähigkeit beschreibt diese Kompetenz die Befähigung, die Emotionen, Sorgen und Probleme der Umwelt klar erkennen und nachvollziehen zu können, und durch angemessene Reaktionen darauf enge zwischenmenschliche Beziehungen aufzubauen.

Soziale Analyse: Eng mit der vorangegangenen Kompetenz verknüpft, ist die Fähigkeit zur sozialen Analyse, die es Individuen, die über sie verfügen, möglich macht, Wünsche und Motive Anderer, sowie soziale Zusammenhänge zu erkennen und kompetent auf diese zu reagieren.

„Diese Fähigkeiten bilden, zusammengenommen, die Grundlage höchster sozialer Kompetenz, sind die notwendigen Grundlagen von Charme, gesellschaftlichem Erfolg, ja sogar von Charisma." (Goleman, 1996, S. 154).

II.4.) Entwicklung der Sozialkompetenz

Was unterscheidet einen sozial kompetenten Menschen von einem, der sozial weniger erfolgreich ist? Haben interindividuelle Unterschiede in der Sozialkompetenz genetische Ursachen oder resultieren sie aus externen Faktoren? Diese Fragen sind zu beantworten, will man einerseits ein kompletten Überblick über die emotionale Dimension der Sozialkompetenz erhalten und andererseits Anhaltspunkte bekommen, wo eine Förderung der sozialen Kompetenzen ansetzen muss. Das hier angesprochene Wissen bezieht sich demnach auf den Entwicklungsaspekt sozialer Kompetenz, dem auch Daniel Goleman eine wesentliche Bedeutung zuspricht.

Aus den Ausführungen Golemans hierzu ergibt sich zunächst, dass er den **Einfluss der Erziehung und des Lernens** bei der Entwicklung aller Dimensionen emotionaler Intelligenz weit höher einschätzt als beispielsweise natürlichen Reifungsprozessen und psychischen Dispositionen des Individuums; er ist davon überzeugt, dass jeder Mensch die Formen emotionaler Intelligenz erlernen kann (vgl. Punkt I.2.). Daher ist es nicht verwunderlich, dass er dies auch für den hier interessierenden Bereich der sozialen Kompetenz propagiert.

Der Grundstein zu einem sozial erfolgreich, weil kompetenten, Leben wird nach Daniel Goleman bereits in der Kindheit gelegt; hier werden die basalen Regeln einer Gemeinschaft oder Gesellschaft erlernt, oder – im Falle sozialer Inkompetenz- eben nicht. Kinder, und auch Erwachsene, die frühzeitig gelernt haben, sich nach expliziten, wie nach impliziten sozialen Regeln zu richten, werden von ihrer Umwelt als angenehme Interaktionspartner, Kollegen oder Freunde empfunden, sie verfügen über die notwendigen Fähigkeiten, andere höherentwickelte Formen sozialer Kompetenz zu erlernen. Derjenige, der diese Regeln hingegen nicht beherrschen, erzeugt „Unruhe, bereitet seinen Mitmenschen Unbehagen." (Goleman, 1996, S. 157).

Es scheint also zur Entwicklung der Sozialkompetenz von enormer Bedeutung zu sein, dass Kinder bereits in jungen Jahren soziale Regeln wie Höflichkeit, Achtung der Privatsphäre Anderer oder allgemein den Umgang mit Mitmenschen erlernen, sollen sie bei Altersgenossen nicht als Außenseiter oder Rabauke angesehen werden.

Auf welchem Weg aber erlernen Kinder diese Regeln?

Am Beispiel der Vorzeigeregeln (siehe Punkt II.3.1.) zeigt Goleman dies auf. Soziale Regeln und damit soziale Kompetenz wird in erster Linie durch **direktes Unterweisen** und durch **Modelllernen** erworben, dies soll am Beispiel des Erlernens der Vorzeigregel „Bitte sagen" kurz erläutert werden.

Eltern oder Erzieher, die erreichen möchten, dass ein Kind Bitte sagt, wenn es etwas möchte, haben zwei Möglichkeiten, ihm dies beizubringen. Zum Einen kann dies geschehen, indem sie dem Kind diese Regel explizit erklären: „Sag´ bitte, wenn Du etwas möchtest." (= direkte Unterweisung). Zum Anderen können sie es dem Kind durch Vormachen nahe bringen. Ein

Kind, dass seine Eltern oder sonstige Bezugspersonen dabei beobachtet, wie diese ihre Wünsche höflich vorbringen, wird dieses Verhalten aller Wahrscheinlichkeit nach ebenfalls anwenden (=Modelllernen). Beim Modelllernen ist jedoch zu beachten, dass das Kind keine **inkongruenten Botschaften** (vgl. Schulz von Thun, 2002, S. 35) erhält; Botschaften also, bei denen Inhalt und Form nicht übereinstimmen. Ein Kind, dessen Mutter ihn beispielsweise gereizt und ungeduldig anweist, immer höflich bitte zu sagen, empfängt eine paradoxe Botschaft. Einerseits hört es die direkte Unterweisung („Sag´ bitte"), die jedoch andererseits im Gegensatz zum unhöflichen Verhalten des Modells steht. Es steht nun vor der Schwierigkeit zu entscheiden, ob es die verbale oder die nonverbale Lektion erlernt.

Aus dieser Schwierigkeit, dass emotionale Botschaften immer auch nonverbal gesendet werden, resultiert laut Daniel Goleman die Überzeugung, dass Sozialkompetenz immer das Erkennen und **Entschlüsseln nonverbaler Kommunikation** zu Grunde liegt. Er führt an, dass Kinder erlernen müssen, Tonfall, Mimik, Gestik oder ähnliche nonverbale Signale in einer Weise zu deuten, die es ihnen erlaubt, mit Anderen in Kontakt zu treten, ohne deren Privatsphäre zu verletzen oder gegen unausgesprochene Regeln zu verstoßen (vgl. Goleman, 1996, S. 157f.). Auf welchem Weg dies geschehen soll, lässt er bedauerlicherweise offen; jedoch ist anzunehmen, dass sich auch diese Fähigkeit durch Unterweisung oder direkte Interaktion mit der Umwelt entwickelt.

Das Erlernen sozialer Kompetenzen ist für Goleman von immenser Wichtigkeit, auch – und nicht zu Letzt – in Hinblick auf schulischen Erfolg. Er hebt hervor, dass Kinder, denen es an sozialen Fertigkeiten mangelt, auch Defizite im intellektuellen Leistungsbereich, operationalisiert als Ergebnis von IQ-Tests, aufweisen. Dies sieht er darin begründet, dass dieses Kind die soziale Situation Schule nicht richtig zu deuten weiß und die nonverbalen Signale des Lehrers nicht entschlüsseln kann, was zu Verwirrung und ängstlichem Verhalten führen kann, welches wiederum den Lern- und Leistungserfolg herabsetzt (vgl. Goleman, 1996, S. 159). Dies stellt jedoch meiner Meinung nach, eine etwas einseitige Sicht der Dinge dar. Nicht zu bezweifeln ist zwar die Tatsache, dass sich soziale Unbeholfenheit in der Schule auf die intellektuellen Leistungen auswirkt, die Begründung jedoch muss ergänzt werden. Es ist anzunehmen, dass der geringere intellektuelle Erfolg dieser Kinder zu einem großen Teil auf Etikettierungsprozesse seitens der Lehrer zurückzuführen ist. Lehrer werden ein sozial inkompetenteres Kind aller Voraussicht nach, als wenig angenehmen Schüler empfinden, was möglicherweise dazu führt, dass sie ihm eine Reihe negativer Attribute zuschreiben (verhaltensauffällig, faul, dumm, etc.) und sich in der Interaktion dementsprechend verhalten. Dieses Verhalten wird wiederum von dem betroffenen Kind wahrgenommen, das diese Attribuierungen wahrscheinlich in sein Selbstbild integriert, wo es zu einer negativen Meinung über sich selbst (z.B.: „Ich bin dumm") kommen kann. Dies kann im Weiteren – ganz im Sinne einer sich selbst erfüllen-

den Prophezeiung – dazu führen, dass dieses Kind nun tatsächlich schlechtere Leistungen erbringt, obwohl dies nicht seinen intellektuellen Fähigkeiten entsprechen muss. Vor diesem Hintergrund sollte also die Erklärung für das schlechtere Abschneiden dieser Kinder bei IQ-Tests, sowohl die Missdeutung der sozialen Interaktionen durch die Kinder als auch mögliche Etikettierungseffekte miteinbeziehen.

Zusammengenommen zeigt sich deutlich, welch wichtige Rolle der Erziehung und dem Lernen bei der Entwicklung sozialer Kompetenz beikommt. Soziale Fertigkeiten und zwischenmenschlicher Erfolg sind nicht im Menschen angelegt, sondern entwickeln sich vielmehr erst durch gezielte Unterweisung und Interaktion mit der Umwelt. Die Frage nach gezielter Förderung bezogen auf diese soziale Dimension der Entwicklung soll im letzten Punkt noch kurz erörtert werden. Zunächst jedoch soll die soziale Kompetenz als Teilbereich emotionaler Intelligenz knapp dargestellt zusammengefasst werden.

II.5.) Zusammenfassung

Es zeigt sich, dass soziale Kompetenz – folgt man den Ausführungen Daniel Golemans – ein komplexes Phänomen ist, dass sich in vielen differenzierten Teilkompetenzen manifestieren kann, die – stehen sie einem Individuum komplett zur Verfügung – Grundlage sozial und zwischenmenschlich erfolgreicher Interaktionen und Beziehungen sind. Menschen, die ihre Emotionen angemessen zum Ausdruck bringen, die Andere emotional mitreißen und bewegen können und die über die grundlegenden Fähigkeiten personaler Intelligenz verfügen, sind soziale Künstler, die ihre sozialen Rollen sicher und kompetent ausfüllen, und denen dadurch Zuneigung und Respekt von ihren Mitmenschen entgegengebracht wird. Hervorzuheben bleibt noch, dass die soziale Kompetenz eine Fähigkeit ist, über die jeder Mensch verfügen kann, vorausgesetzt, er erhält die notwendige Unterweisung und hat Gelegenheit, soziale Regeln zu erlernen.

III.) Anmerkungen zur Sozialkompetenz

Im Folgenden sollen – in unsystematischer Darstellung – noch einige Anmerkungen zum Konzept der Sozialkompetenz nach Daniel Goleman gemacht werden, die sich im Wesentlichen auf Vergleiche mit Forschungen zu derselben beziehen. Angesprochen wird zunächst Golemans Nähe zu Howard Gardners Ansatz der multiplen Intelligenzen, sofern dieser sich auf die personalen Intelligenzen bezieht; des Weiteren soll kurz die bei Daniel Goleman durchscheinende Trennung von Kognition und Emotion thematisiert werden.

III.1.) Soziale Künste und personale Intelligenzen

Folgt man den Ausführungen unter Punkt II.3.1. – II.3.3, so wird deutlich, dass sich die Teilbereiche sozialer Kompetenzen auf zwei mehr oder weniger getrennte Dimensionen beziehen. Auf der einen Seite handelt es sich um Kompetenzen, die sich vorwiegend auf den intraindividuellen Bereich beziehen. Der sozial kompetente Mensch, das heißt, derjenige, der soziale Interaktionen zufriedenstellend bewältigt und koordiniert, muss zugleich einen guten Zugang zu den eigenen Emotionen haben. Nur wer die eigenen Emotionen in kompetenter Art und Weise zu handhaben versteht – wer also seine Emotionen erkennen und kontrollieren kann und soziale Vorzeigeregeln beherrscht – der wird auch die Emotionen Anderer verstehen und somit aktiv positiv auf diese einwirken können.

Auf der anderen Seite manifestieren sich die sozialen Künste in einer Dimension, die in erster Linie interindividuelle Interaktionen betrifft. Hiermit sind die Basiskompetenzen personaler Intelligenz angesprochen, die Fähigkeiten also, die ein Individuum befähigen, Sozialkontakte einzugehen und den Verlauf dieser Interaktionen – bei hoher Ausprägung dieser Fähigkeiten – auch zu bestimmen.

Mit dieser Unterscheidung zwischen den mehr auf die eigene Person bezogenen Teilkompetenzen und denen, die vorwiegend nach außen gerichtet sind, rückt Daniel Goleman seinen Ansatz in deutliche Nähe zu Howard Gardners Konzept der multiplen Intelligenzen, worauf er in seinen Ausführungen zu den Basiskompetenzen auch hinweist (vgl. Goleman, 1996, S. 153f.).

Howard Gardner postuliert, dass sich Intelligenz nicht lediglich auf die psychometrisch zu erfassenden kognitiven Fähigkeiten eines Menschen beziehen dürfe, sondern dass der Intelligenzbegriff ausgeweitet werden müsse. Er selbst formuliert sieben verschiedene Intelligenzen, die quasi unabhängig voneinander sind: Sprachliche Intelligenz, logisch, mathematische Intelligenz, musikalische Intelligenz, körperlich-kinästhetische Intelligenz, räumliche Intelligenz, sowie intrapersonale und interpersonale Intelligenz (vgl. Gardner, 1991, S. 19ff.).

Für die vorliegende Arbeit von Interesse sind die beiden personalen Intelligenzen, da Daniel Goleman explizit und implizit auf sie rekurriert.

Die **intrapersonale Intelligenz** ist nach Howard Gardner, die Fähigkeit, die einen Zugang zum eigenen Gefühlsleben ermöglicht; Individuen hoher intrapersonaler Intelligenz sind fähig die „Gefühle sofort zu unterscheiden, zu etikettieren, in symbolische Codes zu verschlüsseln und als Hilfsmittel zum Verstehen und Steuern des persönlichen Verhaltens zu benutzen." (Gardner, 1991, S. 219). Hier zeigen sich deutliche Parallelen zu den von Daniel Goleman formulierten Fähigkeiten der Selbstwahrnehmung, der Kontrolle und Äußerung von Emotionen, die eine wesentliche Grundlage für soziale Kompetenzen darstellt.

17

Auch bezogen auf die **interpersonale Intelligenz** wird diese Nähe offensichtlich .Howard Gardner sieht diese als nach außen gewandte Fähigkeit, die den einfühlsamen und kompetenten Umgang mit anderen ermöglicht. Hohe interpersonale Intelligenz macht es Menschen möglich, „ die verborgenen Absichten und Wünsche vieler anderer Personen zu erkennen und diesem Wissen entsprechend vorzugehen; zum Beispiel, indem man eine Gruppe von Individuen beeinflusst, sich so zu verhalten, wie man es wünscht." (Gardner, 1991, S. 220).

Vergleichbare Ansichten finden sich auch bei Daniel Goleman, wenn er beispielsweise davon spricht, dass sozial kompetente Menschen andere mitreißen oder Gruppenprozesse organisieren können (vgl. Goleman, 1996, S. 153ff.). Sowohl Gardners als auch Golemans müssen sich an dieser Stelle meines Erachtens nach den Verdacht der Manipulation gefallen lassen, da an einigen Stellen bereits die Wortwahl (vgl. Zitat oben) die Vermutung nahe legt, dass es sich bei den Formen interpersonaler Intelligenz lediglich um geschickt und gezielt eingesetzte Beeinflussung sozial weniger gewandter Mitmenschen handelt.

III.2.) Emotion und Kognition

Trotz seiner Nähe zu Gardner zeigt sich in Daniel Golemans Auffassung ein klarer Unterschied zu diesem. Während Howard Gardners Konzept der multiplen Intelligenzen ein kognitiv orientiertes Geistesmodell zu Grunde liegt, propagiert Daniel Goleman ein Modell des Geistes, das neben den Kognitionen auch die Emotionen beinhaltet (siehe Punkt I). Dies ist zweifellos eine berechtigte und zu begrüßende Forderung; dennoch erscheint mir eine Trennung dieser Bereiche bezogen auf die Sozialkompetenz weder schlüssig noch zulässig; viel mehr noch, da Daniel Goleman sie selbst nicht stringent durchhält.

Betrachtet man die Fähigkeiten, die Goleman für die Sozialkompetenz als wichtig erachtet, so zeigt sich deutlich, dass solchen wie Erkennen, Beurteilen, Entschlüsseln und Steuern von Emotionen eine wichtige Rolle zukommt (vgl. Punkt II.1. – II.3.); hierbei handelt es sich zweifelsohne um kognitive Prozesse. Es scheint also nicht möglich zu sein, eine klare Trennlinie zwischen Emotion und Kognition zu ziehen; um sich seiner Emotionen in der von Goleman geschilderten Form zu bedienen, bedarf es offenkundig kognitiver Fähigkeiten; was auch entsprechende Forschungsergebnisse nahe legen (vgl. Fend, 1998; Oerter / Montada, 2002).

So heben beispielsweise Kunter und Stanat (2002) in ihrer Definition klar hervor, dass Sozialkompetenz sich auf emotionale und motivationale Aspekte ebenso stützt wie auf kognitive Fähigkeiten. In dieser Studie gilt als sozial kompetent derjenige, dem es gelingt in sozialen Interaktionen sowohl sich selbst als auch Andere zufrieden zu stellen und in positiven sozialen Kontakt mit seiner Umwelt zu treten (vgl. Kunter / Stanat, 2002, S. 54f); eine Definition, die mir nahe genug an der Golemans zu sein scheint, um vergleichbar zu sein.

Zusammenfassend lässt sich sagen, dass Golemans Darstellung der sozialen Kompetenz als Teilbereich emotionaler Intelligenz in weiten Teilen überzeugend ist; er verkennt jedoch meiner Meinung nach die Bedeutung, die den Kognitionen gerade in sozialen Situationen zukommt. Soziale Kompetenz erwächst zwar aus dem Zugang zu und der Kontrolle und Steuerung von Emotionen; dies setzt jedoch kognitive Prozesse voraus, handelt es sich nicht um Präkognitionen, die im Bereich der Sozialkompetenz nicht zu erwarten sind.

III.3.) Pädagogische Implikationen

Sozialkompetenz in der von Daniel Goleman geschilderten Form ist eine bedeutende Fähigkeit, der neben kognitiven Kompetenzen eine wesentliche Rolle sowohl bezüglich des schulischen und beruflichen Erfolges als auch in Bezug auf die zwischenmenschliche soziale Ebene zukommt. Die heutige Gesellschaft – allen voran die Arbeitswelt – fordert von ihren Mitgliedern neben fachlichen Qualitäten auch soziale Fähigkeiten, meist als *soft skills* bezeichnet. Darunter fallen Fertigkeiten wie Kommunikations- und Kooperationsfähigkeit, Einfühlsamkeit, Menschenführung und Teamfähigkeit; Kompetenzen, die auch Daniel Golemans Ansatz impliziert. Vor diesem Hintergrund gewinnt die Frage nach der Förderung gerade dieser Fähigkeiten eine wesentliche Bedeutung.

Unter Punkt II.4. wurde bereits angeführt, dass sich Sozialkompetenz in erster Linie durch Erziehung und Lernen entwickelt; in diesem Bereich gilt es also anzusetzen, wenn man sozial kompetentes Verhalten fördern will.

Wesentliche Instanz auf diesem Gebiet ist für Goleman das elterliche Vorbild. Dies ist jedoch meines Erachtens nach nicht ausreichend, sondern bedarf einiger Ergänzungen. Nicht zu vergessen ist an dieser Stelle der Einfluss, den die Erziehungs- und Bildungsinstitutionen, wie Kindergärten und Schulen auf Kinder und Jugendliche nehmen. Sowohl Schule als auch Kindergarten stellen ein bedeutsames soziales Lernfeld dar, indem sich - intentional oder funktional - wesentliche Entwicklungsprozesse vollziehen, wodurch es wünschenswert wird, diese Institutionen als Orte an denen sich Sozialkompetenz erwerben lässt, zu fördern und zu fordern.

Dies kann auf zwei Arten geschehen. Zum Einen können vor allem Schulen, aber auch Kindergärten den Erwerb von Sozialkompetenz explizit in den Lehrplan aufnehmen – was in einigen deutschen Bundesländern bereits der Fall ist. So könnten beispielsweise Rollenspiele zur Empathiefähigkeit oder zur Perspektivenübernahme durchgeführt werden, die es den Heranwachsenden ermöglichen, in spielerischem Rahmen, diese Fähigkeiten zu trainieren und auszubauen. Zum Anderen muss bedacht werden, dass Schule und Kindergärten soziale Räume sind, an denen Kinder und Jugendliche einen großen Teil ihrer Zeit verbringen und mit

Altersgleichen und Erwachsenen in Kontakt kommen. Diese Tatsache sollte dahingehend genutzt werden, besonders Schulen derart zu gestalten, dass sie ein anregendes soziales Lernfeld darstellen, in dem nicht nur das Leistungsprinzip und Konkurrenzverhalten hochgehalten werden. Zweifellos dürfen Schulen ihre Qualifikationsfunktion nicht einbüßen, dennoch wäre zur Förderung der Sozialkompetenz ein quasi außercurriculares Schulleben wünschenswert, welches den Schülern Gelegenheit bietet, miteinander zu interagieren und auf diese Weise wesentliche soziale Fähigkeiten zu erwerben.

Zusammenfassend lässt sich sagen, dass Goleman wesentliche Anregungen gibt, wie soziale Kompetenzen gefördert werden können, und welcher Bedeutung ohne Zweifel der frühkindlichen Erziehung beizumessen ist. Auf den oben genannten Bereich der vorschulischen und schulischen Erziehung stellt sich abschließend noch die Frage, ob es möglich und wünschenswert ist, Sozialkompetenz, ähnlich der kognitiven Fähigkeiten, zu operationalisieren und damit mess- und vergleichbar zu machen. Beachtet man Daniel Golemans Anspruch, der emotionalen Intelligenz – und damit auch der Sozialkompetenz – den gleichen Status zuzuschreiben, wie der „klassischen" Intelligenz, müsste sie sich in vergleichbarer Weise operationalisieren lassen wie diese, um als diagnostisches Kriterium brauchbar zu sein. Fraglich bleibt meiner Meinung nach jedoch, ob es überhaupt erstrebenswert ist, auch soziale Kompetenzen psychometrisch zu erfassen, da möglicherweise die Gefahr besteht, dass damit ein neues Medium geschaffen wird, mit dem Individuen klassifiziert werden können. Denkbar wäre es dadurch, dass Schüler, Auszubildende oder Studenten zukünftig nicht mehr ausschließlich nach Leistung sondern darüber hinaus auch nach ihren sozialen Fähigkeiten bewertet werden, wodurch eine neue – und meiner Überzeugung nach überflüssige - Ungleichheit entstehen könnte.

Schlussteil:

Daniel Goleman vertritt mit seinem Konzept der emotionalen Intelligenz das Anliegen, die kognitive Einseitigkeit der traditionellen Intelligenzkonzepte zu überwinden und um die Komponente des Emotionalen zu erweitern. Dies ist vor dem Hintergrund einer Gesellschaft, in der Menschen immer noch vorwiegend nach kognitiven Leistungskriterien bewertet werden, anerkennens- und begrüßenswert. Die jedem Individuum innewohnende Emotionalität und den Einfluss, den diese auf Verhalten und Erleben haben, hervorzuheben und zu unterstreichen, gelingt Goleman mit seinem Werk in bemerkenswerter Weise. Jeder Einzelne wird von Emotionen bewegt; dies herauszuarbeiten und quasi einen Leitfaden zu geben, wie man sich dies durch Kontrolle und Steuerung der Emotionen zu Nutze machen kann, stellt meines Erachtens einen wichtigen Beitrag zum Verständnis des menschlichen Geistes dar.

Von der psychologischen und pädagogischen Forschung lange Zeit stiefmütterlich behandelt, ist die Emotionsforschung – das geht deutlich aus Golemans Ausführungen hervor – dennoch ein Gebiet, dass intensiverer Betrachtung bedarf, will man alle Faktoren herausarbeiten, die zum Verständnis des Individuums beitragen.

Kritisch anzumerken bleibt zu Daniel Golemans Werk, dass es sich eher vorwissenschaftlich ausnimmt. Zwar stützt er seine Darstellung auf andere wissenschaftliche Forschungsergebnisse, dennoch bleiben seine Ausführungen häufig vage und scheinen schwer nachprüfbar zu sein, was jedoch möglicherweise auch auf den derzeitigen Stand der Emotionsforschung zurückzuführen sein dürfte. Der Eindruck eines populärwissenschaftlichen Werkes wird noch verstärkt durch die oft plakative Sprache; an vielen Stellen liest es sich wie einer der vielen – wenn auch fundierten – Lebensratgeber, ein Umstand, der darauf schließen lässt, dass sich der Journalist Goleman vorwiegend an die Allgemeinheit und weniger an Fachkollegen wendet.

Trotz aller Einwände lässt sich jedoch abschließend sagen, dass Daniel Goleman der Verdienst zukommt, darauf aufmerksam zu machen, dass das Individuum nicht bloß ein informationsverarbeitendes System ohne Emotionen ist, sondern sein Verhalten und Erleben von mehreren Faktoren bestimmt wird. Das Hervorheben der emotionalen Intelligenz mit all ihren Facetten erscheint mir wichtig, um den Menschen richtig verstehen zu können. Auch Golemans Forderung neben den rein kognitiven Kompetenzen auch die emotionalen - insbesondere die sozialen – Fähigkeiten zu fördern, ist vom pädagogisch-psychologischen Standpunkt aus betrachtet, als positiv und erstrebenswert zu beurteilen.

Literaturverzeichnis

Davison, G.C. u. Neale, J.M. (2002). Klinische Psychologie. (6., vollständig überarbeitete und aktualisierte Auflage). Beltz PVU. Weinheim.

Fend, H. (1998). Eltern und Freunde. Soziale Entwicklung im Jugendalter. Entwicklungspsychologie der Adoleszenz in der Moderne Band V. Bern, Göttingen, Toronto, Seattle

Gage, N.L. u. Berliner, D.C. (1996). Pädagogische Psychologie (5., vollständig überarbeitete Auflage). Beltz PVU. Weinheim.

Gardner, H. (1991). Abschied vom IQ. Die Rahmentheorie der multiplen Intelligenzen. Klett-Cotta. Stuttgart.

Goleman, D. (1996). Emotionale Intelligenz. München, Wien.

Kunter, M. u. Stanat, P. (2002). Soziale Kompetenz von Schülerinnen und Schülern. Die Rolle von Schulmerkmalen zur Vorhersage ausgewählter Aspekte. In: Zeitschrift für Erziehungswissenschaft , Heft 1 / 2002, S,. 49 – 70.

Oerter, R. u. Montada, L. (2002). Entwicklungspsychologie. (5., vollständig überarbeitete Auflage). Beltz PVU. Weinheim, Basel, Berlin.

Schulz von Thun, F. (2002). Miteinander Reden. Störungen und Klärungen. Allgemeine Psychologie der Kommunikation. (36. Auflage). Rowohlt. Reinbek bei Hamburg.

Zimbardo, P.G. u. Gerrig, R.J. (1999). Psychologie. (7., neu übersetzte und bearbeitete Auflage). Springer. Berlin, Heidelberg.